AF227197

CANTIQUES

EXTRAITS

DE DIFFÉRENS RECUEILS,

ET MIS EN ORDRE

POUR

LE MOIS DE MARIE.

CALAIS,

IMPRIMERIE DE D. LE ROY, RUE DES BOUCHERIES, N° 196.

1836.

1.

Quels beaux jours viennent luire à notre âme ravie,
    Nous inspirer des chants joyeux !
Réunissons nos voix et chantons en Marie,
    L'accord de la terre et des cieux.
    Cette terre ingrate et rebelle
    Du Ciel provoquait le courroux ;
    Vierge humble, modeste et fidèle,
    C'est toi qui nous a sauvés tous.

    Chantons cette mère chérie,
    Chantons sa gloire et ses faveurs,
    Et que le doux nom de Marie
    Règne à jamais dans tous les cœurs !

Triomphez, ô mortels, et que l'enfer frémisse ;
    Tous ses efforts sont impuissans :
Le Dieu qui réunit la paix et la justice,
    Vous adopta pour ses enfans.
    Ah ! puisqu'il s'est fait notre frère,
    Rien ne doit manquer à nos vœux :
    Il savait qu'il faut une mère
    A l'homme faible et malheureux.
    Chantons, etc.

La Nature et la Grâce à l'envi l'ont parée :
    C'est un chef-d'œuvre éblouissant ;
Rien ne ternit l'éclat de cette arche sacrée,
    Humble séjour d'un Dieu puissant.
    Elle étonne et ravit les anges :
    De leur bonheur soyons jaloux ;
    Et pour célébrer ses louanges,
    Joignons nos concerts les plus doux.
    Chantons, etc.

Voyez éclore un lys, et sa tige éclatante
    Exhaler sa suave odeur ;

Telle, chez les mortels, cette divine amante,
   Brilla de grâce et de candeur.
   Une aimable et sainte innocence
   Accompagna toujours ses pas.
   O douce paix de la constance,
   Pourrions-nous ne t'envier pas !
   Chantons, etc.

O divine Marie, ô la plus tendre mère,
   Daignez nous bénir chaque jour !
Songez que votre fils se nomme notre frère :
   Voilà nos droits à votre amour.
   A cette famille attendrie
   Inspirez toujours la ferveur,
   Et qu'au Ciel, comme en cette vie,
   Nous soyons tous dans votre cœur.
   Chantons, etc.

2.

Salut à toi, mois bien-aimé,
Qui portes le nom de ma mère !
Salut à ton souffle embaumé !
Salut à ta vive lumière !
Orne de roses le jardin,
Sème les fleurs dans la prairie ;
Donne, le soir et le matin,
Donne tes parfums à Marie !

Au champ tu prêtes ses couleurs,
Au bosquet son riant feuillage,
Au verger ses bouquets de fleurs,
A l'oiseau son joli ramage,
Ses jours sereins au doux printemps,
A tous ta présence chérie :
Prête-nous aussi des accens
Pour chanter une hymne à Marie !

Tendres zéphirs, brise des mers,
Berceaux, pavillons de verdure,
Senteurs qui parfumez les airs,
Échos des monts, léger murmure,
Bourgeons naissans, arbres touffus,
Lys des vallons, mousse fleurie,
Après le saint nom de Jésus,
Bénissez le nom de Marie !

Petits oiseaux, que chantez-vous,
Quand l'aube blanchit la colline ?
Qui vous dicta des chants si doux
Sur ces verts buissons d'aubépine ?
Mêlez son nom à vos concerts,
Réservez votre mélodie,
Pour dire aux bois comme aux déserts
Les douceurs du nom de Marie !

Zélés ministres de sa cour,
Séraphins qui gardez son trône,
Esprits ivres de son amour,
Anges qui formez sa couronne,
Redoublez vos brûlans transports,
Déroulez des flots d'harmonie :
J'unis ma voix à vos accords,
Esprits de feu, chantons Marie !

Auguste mère de Jésus,
Montre-toi mon aimable mère ;
Orne mon cœur de tes vertus,
Ouvre l'oreille à ma prière,
Prête la main à ton enfant,
Soutiens mes pas, Vierge bénie !
Mon cœur sera reconnaissant
Pour te servir, douce Marie !

3.

Toi qui donnas la vie
A notre doux Sauveur,
O divine Marie,
Jouis de ton bonheur !
L'Etre seul grand, immense,
  Le Tout-Puissant,
Formé de ta substance,
  Est ton enfant.

Il est de toute chose
Le souverain auteur ;
Je le vois qui repose
Doucement sur ton cœur.
Celui qui tient le monde
  Dans une main,
Vierge pure et féconde,
  Est sur ton sein.

De la moindre souillure
Son œil saint est blessé ;
Indigne créature,
Je l'ai tant offensé !
Je vois sous ses paupières
  Couler des pleurs :
Mes péchés, mes misères,
  Font ses douleurs.

Oui, mon cœur est coupable ;
Mais, percé de regrets,
A cet enfant aimable
Il se voue à jamais.
Je sais que ses délices
  Sont la pudeur ;

J'en veux, sous tes auspices,
   Orner mon cœur.

L'enfer, dans sa furie,
S'agite contre moi;
Je viens, tendre Marie,
Me cacher près de toi.
De ma vertu fragile
   Sois le soutien;
Dans cet aimable asile
   Je ne crains rien.

Je vois sous ta puissance
Ton adorable Fils;
Il veut, dès son enfance,
Etre à tes lois soumis.
Pour m'aider à lui plaire,
   A le servir,
Dis-lui, puissante Mère,
   De me bénir.

4.

Reine des cieux, de notre tendre hommage
   Nous vous offrons le faible encens;
Que votre nom soit chanté d'âge en âge;
Qu'il soit toujours l'objet de nos accens.
   Les cieux l'admirent en silence :
Comment oser célébrer sa grandeur !
   Mais oublions notre impuissance :
   Ne consultons que notre cœur.
     Reine des cieux, etc.

De l'homme, hélas ! le crime est le partage :
  Il naît coupable et corrompu ;
Dieu l'a soustrait à ce triste naufrage,
Rien ne ternit l'éclat de sa vertu.
  Ainsi du lys, dans nos prairies,
Rien ne ternit la brillante couleur ;
  Entouré de tiges flétries,
  Il ne perd rien de sa blancheur.
    De l'homme, hélas ! etc.

L'appât trompeur et séduisant des vices
  Ne corrompit jamais son cœur ;
Plaire à son Dieu fit toujours ses délices ;
Vivre pour lui fut toujours son bonheur.
  Aussi son aimable innocence
Et ses vertus en ont reçu le prix ;
  O ineffable récompense !
  Le fils de Dieu devint son fils.
    L'appât trompeur, etc.

O Vierge sainte, auguste protectrice,
  Que votre amour veille sur nous ;
D'un Dieu sévère appaisez la justice,
Et suspendez l'effet de son courroux.
  Ah ! songez que notre misère
Devient pour vous la source des grandeurs :
  Dieu vous eût-il choisi pour mère,
  Si nous n'eussions été pécheurs ?
    O Vierge sainte, etc.

5.

Un monde impie,
Pour m'abuser,
De sa folie
Veut m'enivrer.
O Vierge Marie,
Pour moi priez Dieu.
Ciel, ô patrie,
Jamais adieu !

La vive image
De ses douceurs,
Dans le bel âge,
Séduit les cœurs. O Vierge, etc.

Fatale ivresse
Des faux plaisirs,
Source traîtresse
De longs soupirs. O Vierge, etc.

Sous son empire,
Point de bonheur ;
Tout est délire,
Songe trompeur.   O Vierge, etc.

Ange, mon frère,
Pourquoi gémir ?
Sur cette terre,
Vais-je périr ?   O Vierge, etc.

Quand la souffrance
Vient m'assiéger,

Quand l'espérance
Va s'éloigner. O Vierge, etc.

Hâtez l'aurore
Du jour sans fin,
Vous qu'on n'implore
Jamais en vain.   O Vierge, etc.

Qu'on se confie
En son secours ;
Sur nous Marie
Veille toujours.
O Vierge Marie,
Pour moi priez Dieu ;
Ciel, ô patrie,
Jamais adieu !

6.

Réjouis-toi, terre chérie !
Sion, coule des jours heureux !
Jésus a couronné Marie :
Sa fille est la reine des cieux.
Unis ta voix aux chœurs des anges :
Chante sa gloire chaque jour,
Et dis : Honneur, amour, louanges,
Salut à la mère d'amour !

Nos concerts pénètrent la nue ;
Soudain les cieux se sont ouverts.
Quelle splendeur s'offre à ma vue !
Salut, Reine de l'univers !

De majesté son front rayonne :
Elle est pure comme un beau jour.
Elle a le sceptre et la couronne ;
Salut à la mère d'amour !

Mon cœur palpite : c'est ma mère,
Oui, c'est ma mère, je le sens....
Chérubins, d'une aîle légère,
Venez, volez à ses enfans.
Ils ont franchi le ciel immense :
Voici Marie avec sa cour ;
Prosternons-nous en sa présence :
Salut à la mère d'amour !

J'entends sa voix... elle nous presse
De lui redire nos sermens ;
Répétons-les avec ivresse,
Et jurons d'être ses enfans.
« A vons aimer, nos cœurs fidèles,
» Dans un infidèle séjour,
» Vivront à l'ombre de vos aîles,
» O Marie, ô mère d'amour !

» La violence des orages
» Ne nous ébranlera jamais ;
» Toujours vous aurez nos hommages,
» Toujours nous dirons vos bienfaits.
» Nous le jurons d'un cœur sincère :
» Nos cœurs sont à vous sans retour.
» Ah ! soyez toujours notre mère,
» O Marie, ô mère d'amour !

7.

Heureux qui, dès le premier âge,
Honorant la Reine des cieux,
Fuit les dons qu'un monde volage
Etale avec pompe à ses yeux !
Qu'on est heureux sous son empire !
Qu'un cœur pur y trouve d'attraits !
Tout y ressent, tout y respire
L'amour, l'innocence et la paix.

Mondain, ta grandeur tout entière
S'anéantit dans le tombeau ;
L'instant où finit ta carrière,
Du juste est l'instant le plus beau.
La paix règne sur son visage,
Son cœur est embrâsé d'amour ;
Sa vie a coulé sans nuage :
Sa mort est le soir d'un beau jour.

Comme un rocher qui, d'âge en âge,
Battu par les flots agités,
Brave la fureur de l'orage
Et l'effort des vents irrités ;
Le vrai serviteur de Marie,
Sûr à jamais de son appui,
Brave l'impuissante furie
De l'enfer armé contre lui.

Mais l'éclat d'un monde volage
Séduit-il nos faibles esprits ;
Elle dédaigne notre hommage
Et le repousse avec mépris.

Dès lors que notre âme est charmée
Des biens fragiles et mortels,
Notre encens n'est qu'une fumée
Qui déshonore ses autels.

Comment, avec un cœur profane,
Le pécheur, malgré ses forfaits,
De la vertu qui le condamne,
Ose-t-il chanter les attraits ?
Dans son âme impure et flétrie,
Nourrissant un feu criminel,
Comment ose-t-il à Marie
Jurer un amour éternel ?

Régnez, Vierge sainte, en notre âme,
Vous y ferez régner la paix ;
Gravez dans nous, en traits de flamme,
Le souvenir de vos bienfaits.
Mettez à l'ombre de vos aîles
Les cœurs qui vous sont consacrés ;
Vers les demeures éternelles,
Guidez nos pas mal assurés.

8.

Nous qu'en ces lieux combla de ses bienfaits
  Une Mère auguste et chérie,
Enfans de Dieu, que vos chants à jamais
  Exaltent le nom de Marie.
Je vois monter tous les vœux des mortels
  Vers le trône de sa clémence ;
Tout à sa gloire élève des autels
  Des mains de la reconnaissance.

CHOEUR :

Nous qu'en ces lieux combla de ses bienfaits
    Une Mère auguste et chérie,
Enfans de Dieu, que nos chants à jamais
    Exaltent le nom de Marie.

Ici sa voix, puissante sur nos cœurs,
    A la vertu nous encourage ;
Sur le saint joug elle répand des fleurs :
    Notre innocence est son ouvrage.
Si le lion rugit autour de nous,
    Elle étend son bras tutélaire ;
L'enfer frémit d'un impuissant courroux,
    Et le Ciel sourit à la terre.
Chœur : Nous qu'en ces lieux, etc.

Quand le chagrin, de ses traits acérés,
    Blesse nos cœurs et les déchire,
Sensible Mère, elle est à nos côtés ;
    Avec nos cœurs le sien soupire.
Combien de fois sa prévoyante main
    De l'ennemi rompit la trame !
Nous t'invoquions, et nous sentions soudain
    La paix renaître dans notre âme.
Chœur : Nous qu'en ces lieux, etc.

Battu des flots, vain jouet du trépas,
    La foudre grondant sur sa tête,
Le nautonnier se jette dans ses bras,
    L'invoque et voit fuir la tempête :
Tel le chrétien, sur ce monde orageux,
    Vogue toujours près du naufrage ;
Mais à Marie adresse-t-il ses vœux,
    Il aborde en paix au rivage.
Chœur : Nous qu'en ces lieux, etc.

Heureux celui qui, dès ses premiers ans,
   Se fit un bonheur de lui plaire!
Heureux celui qui, parmi ses enfans,
   Lui donna le doux nom de Mère!
Oui, sa bonté se plaît à secourir
   Un cœur confiant qui la prie.
Siècles, parlez!... Vit-on jamais périr
   Un vrai serviteur de Marie?

Chœur : Nous qu'en ces lieux, etc.

Vos fronts, pécheurs, pâlissent abattus,
   A l'aspect du souverain juge;
Ah! si Marie est reine des vertus,
   Des pécheurs elle est le refuge.
Déposez donc en son sein maternel
   Votre repentir et vos larmes :
Elle prîra.... Des mains de l'Éternel
   Bientôt s'échapperont les armes.

Chœur : Nous qu'en ces lieux, etc.

Si vous avez, dans toute sa fraîcheur,
   Conservé la tendre innocence,
Ah! votre Mère en a sauvé la fleur :
   Elle vous garda dès l'enfance.
A son autel, venez, enfans chéris,
   Savourer de saintes délices ;
Consacrez-lui vos cœurs et vos esprits :
   Elle en mérite les prémices.

Chœur : Nous qu'en ces lieux, etc.

O temple auguste, ô asile béni,
   Faut-il donc quitter ton enceinte !
Faut-il aller, de ce monde ennemi,
   Braver la meurtrière atteinte !

Tendre Marie, ah ! nous allons périr :
   Le scandale inonde la terre !
Veillez sur nous, daignez nous secourir,
   Montrez-vous toujours notre Mère !
Chœur : Nous qu'en ces lieux, etc.

9.

Je vous salue, auguste et sainte Reine,
Dont la beauté ravit les immortels !
Mère de grâce, aimable souveraine,
Je me prosterne aux pieds de vos autels.

Je vous salue, ô divine Marie !
Vous méritez l'hommage de nos cœurs ;
Après Jésus, vous êtes et la vie,
Et le refuge, et l'espoir des pécheurs.

Fils malheureux d'une coupable mère,
Bannis du ciel, les yeux baignés de pleurs,
Nous vous faisons, de ce lieu de misère,
Par nos soupirs entendre nos douleurs.

Ecoutez-nous, puissante protectrice :
Tournez sur nous vos yeux compatissans,
Et montrez-nous qu'à nos malheurs propice,
Du haut des cieux vous aimez vos enfans.

O douce, ô tendre, ô pieuse Marie !
O vous de qui Jésus reçut le jour,
Faites qu'après l'exil de cette vie,
Nous le voyions dans l'éternel séjour.

10.

Je mets ma confiance,
Vierge, en votre secours;
Servez-moi de défense,
Prenez soin de mes jours;
Et quand ma dernière heure
Viendra fixer mon sort,
Obtenez que je meure
De la plus sainte mort.

A votre bienveillance.
O Vierge, j'ai recours;
Soyez mon assistance
En tous lieux et toujours.
Vous-même êtes ma mère,
Jésus est votre fils;
Portez-lui la prière
De vos enfans chéris.

Sainte Vierge Marie,
Asile des pécheurs,
Prenez part, je vous prie,
A mes justes frayeurs.
Vous êtes mon refuge,
Votre fils est mon roi;
Mais il sera mon juge :
Intercédez pour moi.

Ah! soyez-moi propice,
Quand il faudra mourir;
Apaisez sa justice :
Je crains de la subir.

Mère pleine de zèle,
Protégez votre enfant;
Je vous serai fidèle
Jusqu'au dernier instant.

Je promets, pour vous plaire,
O Reine de mon cœur,
De ne jamais rien faire
Qui blesse votre honneur.
Je veux que, par hommage,
Ceux qui me sont sujets,
En tous lieux, à tout âge,
Prennent vos intérêts.

Voyez couler mes larmes,
Mère du bel amour;
Finissez mes alarmes,
Dans ce triste séjour.
Venez rompre mes chaînes:
Je veux aller à vous;
Aimable souveraine,
Régnez, régnez sur nous.

11.

Vierge Marie,
Daigne sourire à tes enfans;
Mère chérie,
Reçois leurs chants.
Ah! nous te consacrons les jours de notre vie:
Daigne en bénir tous les instans;
Et d'âge en âge,
Pour toi nos vœux toujours croissans,

(19)

Seront le gage
De nos sermens.

T'aimer sans cesse,
Auguste Reine de mon cœur,
Avec ivresse,
Quelle douceur !
Tu souris à mes vœux : ce signe de tendresse
Bannit la crainte et la douleur ;
Il est le gage
De ton amour pour un pécheur,
Et le présage
De son bonheur.

Mère chérie,
Toi que mon cœur aima toujours,
Viens, ô Marie,
A mon secours.
C'est toi qui protégeas l'aurore de ma vie :
Je t'en dois les plus heureux jours.
De mon jeune âge
Conserve-moi les sentimens :
C'est le partage
Detes enfans.

En vain le monde
Prétend m'engager sous sa loi ;
En vain il gronde :
Je suis à toi.   [fonde ;
Oui, c'est sur ton appui que mon espoir se
O tendre Mère, soutiens-moi.
Toujours fidèle,
A toi seule mon cœur sera,
Et sous ton aîle
Reposera.

12.

Que tous les cœurs se réunissent,
Et que les temples retentissent
Du nom sacré de la Mère de Dieu ; [lieux.
Chantons, chantons ses grandeurs en tous
Reine des hommes et des anges,
Refuge de tous les pécheurs,
Prête l'oreille à nos louanges,
Reçois l'hommage de nos cœurs.

Avant que le Maître du monde
Créât le ciel, la terre et l'onde,
Pour accomplir ses éternels desseins,
Il te nomma Mère du Saint des Saints.
En toi l'on voit et l'on honore
Le chef-d'œuvre de son pinceau :
Sa puissance n'a fait encore
Rien de plus grand, rien de plus beau !

Le Fils, l'objet de tes délices,
En proie aux plus cruels supplices,
Te vit mêler tes pleurs avec les siens :
Tous ses tourmens furent aussi les tiens.
Lui seul l'empêcha de le suivre
Quand la mort lui ravit le jour ;
Ne pouvant long-temps lui survivre,
Tu mourus d'un transport d'amour.

Les voûtes des cieux s'entrouvrirent,
Les Chérubins en descendirent ;
On entendit leurs chants harmonieux
Accompagner ton char victorieux.

Parmi ces concerts de louanges,
Ton corps glorieux fut porté
Sur les aîles d'un essaim d'anges,
Au sein de l'immortalité !

Ton front, par l'Éternel lui-même,
Fut ceint d'un brillant diadème ;
Tu vois, du haut du trône où tu t'assieds,
Les Bienheureux prosternés à tes pieds.
La terre implore ta puissance ;
L'enfer est soumis à tes lois ;
Le Ciel s'incline en ta présence :
Dieu seul est au-dessus de toi.

13.

Dans ce beau mois, lorsqu'au nom de Marie,
Un doux soleil sourit aux jeunes fleurs,
Mère si tendre et toujours plus chérie,
Souris toi-même aux désirs de nos cœurs.
Vierge si chère
Aux premiers ans,
Sois notre mère,
Et bénis tes enfans !

Voués à toi dès notre plus bel âge,
S'il faut connaître un monde criminel,
Près de Jésus, en dépit de l'orage,
Nous dormirons sur ton sein maternel.
Vierge si chère, etc.

Le noir dragon qui rôde avec furie
Veut nous ravir ce cœur, notre seul bien ;

Mais c'est en vain : ce cœur est à Marie !
L'enfer pour lui ne trouvera plus rien.
Vierge si chère, etc.

D'un Dieu clément la tendresse éternelle
Nous donne au Ciel sa mère pour appui :
Heureux enfans, en travaillant pour elle,
Nous sommes sûrs de travailler pour lui !
Vierge si chère, etc.

Ta volonté pour nous sera suivie ;
Oui, nous t'aimons, et nous venons t'offrir
Tout notre cœur, nos désirs, notre vie,
Et notre mort, puisqu'il faudra mourir.
Vierge si chère, etc.

14.

Vierge sainte, rose vermeille,
Toi, dont nous aimons les autels,
Du haut des cieux prête l'oreille
A nos cantiques solennels.
Tu sais que nous voulons te plaire,
T'aimer, te bénir tous les jours ;
Vierge, montre-toi notre mère....
Toujours !

Celui qu'écrasa ta puissance
Veille à la porte de nos cœurs,
Et, pour nous ravir l'innocence,
Sous nos pas il sème des fleurs.
Nous pourrions, ingrats, te déplaire,
Toi qui nous combles de bienfaits !
Nous t'oublier, auguste mère !
Jamais !

Du mondain si l'indifférence
D'amertume abreuve ton cœur,
Lors même que dans ta clémence
Tu tends les bras à son malheur :
Nous, du moins, nous voulons te plaire,
T'aimer, te bénir tous les jours ;
Vierge, montre-toi notre mère.....
   Toujours !

Malheur à l'aveugle coupable
Qui trahirait l'heureux serment
Qu'il te fit, Reine toute aimable ,
De te servir fidèlement !
Plutôt mourir que te déplaire ,
Toi qui nous combles de bienfaits !
Nous t'oublier, auguste mère !
   Jamais !

15.

Viens, viens à moi, m'a dit souvent le monde,
Je donne à tous bonheur, plaisirs sans fiel ;
Mais une Vierge, au front pur comme l'onde,
M'a dit tout bas : Suis-moi, je mène au Ciel !

Et moi j'ai dit : Je veux suivre Marie !...
Le monde ment ; ses fruits sont des douleurs.
Mais toi, Marie, au séjour de la vie,
Tu nous conduis par un sentier de fleurs.

Bonne Marie, invoque Dieu sans cesse,
Demande-lui que je sois doux de cœur,
Humble d'esprit, soumis dans la tristesse,
Mais surtout pur, pur comme un lys en fleur.

Tu sais, hélas ! cette terre est affreuse :
C'est un exil, un noir vallon de pleurs ;
Sois près de moi, rose mystérieuse,
Et ton parfum calmera mes douleurs.

Tu sais, le monde est une mer cruelle
Où trop souvent l'on rencontre la mort ;
Brillante étoile, ah ! guide ma nacelle,
Et sans danger je gagnerai le port.

16.

Reçois nos hommages
Dans ce mois des fleurs ;
Retiens les orages
Sous tes pieds vainqueurs.
Ah ! tes douces fêtes
Calment les tempêtes
    Toujours.
  Divine Marie,
  O Vierge chérie,
  Sois nos amours
    Toujours !

Le ciel doux et tendre,
Comme un cœur bien pur,
Pour toi vient d'étendre
Son voile d'azur ;
Et la tourterelle
Dans nos bois t'appelle
    Toujours.
Divine Marie, etc.

La nature entière
Semble sous ta loi ;
Hormis le tonnerre,
Tout parle de toi ;
Le chant des campagnes
Répète aux montagnes
        Toujours :
    Divine Marie, etc.

Qu'une main légère
Cueille en même temps
Les fleurs du parterre
Et le lys des champs :
Céleste immortelle,
Tu seras plus belle
        Toujours.
    Divine Marie, etc.

Espoir de la terre,
Délices du Ciel,
Dans la vie amère,
Fleur pleine de miel,
Brillante colombe
Planant sur la tombe....
        Toujours,
    Divine Marie, etc.

Garder l'innocence,
C'est t'aimer encor ;
Mais si l'inconstance
Perd ce doux trésor,
O Vierge céleste,
Ta bonté nous reste
        Toujours !
Divine Marie, etc.

Ta main nous relève
En nous caressant ;
Et comme un beau rêve ,
Au suprême instant ,
Ta couronne blanche
Sur nos fronts se penche....
  Toujours.
  Divine Marie , etc.

Une âme infidèle
Peut bien t'offenser,
Te chasser loin d'elle,
Jamais te lasser.
Son malheur t'implore ,
Tu reviens encore....
  Toujours.
  Divine Marie , etc.

Ah ! que l'on rougisse
De ne point t'aimer,
Et que tout s'unisse
Pour te proclamer
Vierge entre les âmes ,
Reine entre les femmes ,
  Toujours !
  Divine Marie , etc.

17.

Pourquoi cette vive allégresse
Qui brille sur nos fronts joyeux ?
Pourquoi ces nouveaux chants d'ivresse
Dont retentissent ces beaux lieux ?
Enfans d'une mère chérie ,
A la fin du mois vénéré ,

Portons nos tributs à Marie,
Au pied de son trône sacré.
CHŒUR :
Vierge, reçois cette couronne,
Fais qu'elle soit le gage heureux
De celle qu'auprès de ton trône,
Tu nous réserves dans les Cieux.

Pour la gloire de votre Reine,
Quittant vos sacrés pavillons,
Autour de votre souveraine,
Anges, rangez vos bataillons.
Le front incliné vers la terre,
Mêlez votre amour et vos chants
A ceux que pour leur tendre mère
Font éclater tous les enfans.
CHŒUR :
Vierge, reçois cette couronne, etc.

Et vous, ornement de la terre,
Croissez, croissez, charmantes fleurs :
C'est pour le front de notre mère
Que nous destinons vos couleurs.
Vierge, ici-bas pour ta couronne,
Les fleurs nous offrent leurs présens :
Fais qu'un jour, auprès de ton trône,
Ta couronne soit tes enfans.
CHŒUR :
Vierge, reçois cette couronne, etc.

Hélas ! de la saison nouvelle
Les fleurs ne bravent point le temps ;
Mais les dons d'une âme fidèle
Durent plus que leur doux printemps.

De tes vertus, ô Vierge pure,
Si tu daignes nous revêtir,
Rien ne flétrira la parure
Dont tu sauras nous embellir.

CHŒUR :

Vierge, reçois cette couronne, etc.

Marie, aimable protectrice,
Sur tes enfans jette les yeux ;
Vers eux étends tes mains propices
Et prête l'oreille à leurs vœux.
Nous demandons tous l'espérance,
De la foi le précieux don ;
L'innocent, la persévérance,
Et le coupable, son pardon.

CHŒUR :

Vierge, reçois cette couronne, etc.

18.

Jour mille fois heureux ! offrande salutaire !
C'en est donc fait : Marie a reçu nos sermens !
De la mère d'un Dieu nous sommes les enfans !
Honneur, respect, amour à notre auguste mère !

CHŒUR :

Oui, nous l'avons juré, nous sommes ses enfans :
Nous faisons de nos cœurs le don le plus sincère ;
Que la terre et les cieux redisent nos sermens :
Guerre au monde, à Satan ! amour à notre Mère !

Si, parjure à mes vœux, je te quitte, ô Marie,
Que ma langue à l'instant s'attache à mon palais !
Que ma droite séchée atteste pour jamais,
Aux yeux du monde entier, ma lâche perfidie :

CHŒUR :

Oui, nous l'avons juré, etc.

Si, pour nous enchaîner, des faux biens de la vie
Le monde offre à nos yeux les attraits imposteurs,
Disons-lui, repoussant ses funestes douceurs :
Mon cœur n'est plus à moi ; mon cœur est à Marie !

CHŒUR :

Oui, nous l'avons juré, etc.

Que l'enfer de sa rage excite la tempête,
Soulève contre moi les flots de son courroux ;
Vaine fureur !... Marie a triomphé pour nous,
Pour nous du vieux serpent elle a brisé la tête.

CHŒUR :

Oui, nous l'avons juré, etc.

Ainsi, toujours vainqueurs, dans une paix profonde,
Nous goûterons des Saints les plaisirs ravissans ;
Foulant avec dédain sous nos pieds triomphans
Les pompes de Satan, les vains plaisirs du monde.

CHŒUR :

Oui, nous l'avons juré, etc.

Pour prix de nos efforts, un nuage de gloire
Au Ciel nous portera quand s'éteindront nos jours ;
Là, de nos longs travaux délassés pour toujours,
Nous nous reposerons au sein de la victoire.

CHŒUR :

Oui, nous l'avons juré, etc.

Étoile de la mer ! exposés aux naufrages,
Sans guide, loin de toi, quel serait notre sort !
Brille toujours pour nous, fais-nous surgir au port,
Pour nous calme les flots, dissipe les orages.

CHŒUR :

Oui, nous l'avons juré, etc.

19.

Trop heureux enfans de Marie,
Venez, entourez ses autels ;
Venez, d'une mère chérie
Chanter les bienfaits immortels.

Vierge, le plus parfait ouvrage
Sorti des mains du Créateur,
Beauté pure, heureux assemblage
Et d'innocence et de grandeur
Quel éclat pompeux t'environne
Au brillant séjour des élus !
Le Très-Haut lui-même y couronne
En toi la Reine des vertus.
    Trop heureux, etc.

Doux appui de notre espérance,
O mère de grâce et d'amour,
Heureux qui, dès sa tendre enfance,
A toi s'est voué sans retour !
Ta main daigne essuyer ses larmes ;
Tu le soutiens dans ses combats ;
Il voit le terme sans alarmes :
En paix il s'endort dans tes bras.
    Trop heureux, etc.

20.

Souvent je dis à mon âme attendrie
Un nom bien doux que ma langue a trouvé ;
Souvent ma plume écrit seule Marie :
C'est que l'amour en mon cœur l'a gravé.

Gloire à Marie !
Baume divin,
Source de vie,
Etoile du matin.
De l'affligé ce nom tarit les larmes ;
Il rend la paix au cœur las de souffrir ;
C'est un miel pur ; ses parfums ont des charmes,
Et sa douceur enivre de plaisir.

Auguste Vierge, exilé sur la terre,
Vois donc à quoi tout mon pouvoir s'étend ;
A répéter le doux nom de ma mère :
Mais que c'est peu pour le cœur d'un enfant !

Mon cœur languit ; entends comme il soupire
Après sa joie et son aimable espoir !
Ah ! loin de toi tu sais ce qu'il désire ;
Vierge, réponds : quand pourrai-je te voir ?

Daigne, ô Marie, abréger ma misère.
C'est toi la reine et la porte des cieux ;
Appelle-moi pour contempler ma mère,
Et la bénir de m'avoir fait heureux.

21.

De tes enfans reçois l'hommage,
Prête l'oreille à leurs accens ;
Seigneur, c'est ton plus noble ouvrage
Qu'ils vont célébrer dans leurs chants.
Ils viennent joyeux à Marie
Faire l'offrande de leurs cœurs.
Qu'avec eux l'univers publie
Et ses beautés et ses grandeurs !

Pleine de grâce, ô Vierge incomparable,
L'honneur, la gloire et l'appui d'Israël,

Jetez sur nous un regard favorable :
De cet exil conduisez-nous au ciel.

Elle est pure comme l'aurore
Qui luit dans un brillant lointain,
Comme le lys qu'on voit éclore
Dans la fraîcheur d'un beau matin ;
Et jusqu'aux sources de la vie,
Par un prodige sans égal,
Son âme ne fut point flétrie
Du souffle empoisonné du mal.
Pleine de grâce, etc.

Ainsi qu'un palmier solitaire
Qui croît sur le courant des eaux,
Et tous les ans donne à la terre
Des fleurs avec des fruits nouveaux ;
Ainsi, loin du monde volage,
Elle crût pour l'esprit divin,
Et tous les peuples, d'âge en âge,
Ont béni le fruit de son sein.
Pleine de grâce, etc.

Oh ! quand disparaîtront les ombres
Qui la couvrent de toutes parts ?
Quand fuiront les nuages sombres
Qui la voilent à nos regards ?
Verse des torrens de lumière
Sur nous, qui sommes tes enfans,
Etoile bienfaisante !... éclaire
Et guidenos pas chancelans.
Pleine de grâce, etc.

22.

Bienheureux qui de Marie
Aime à chanter les grandeurs,
Et sans crainte se confie
En ses divines faveurs.
Les cieux se trouvent sans parure
Auprès des traits de sa beauté,
Et l'astre roi de la nature
Près d'elle a perdu sa clarté.
   Bienheureux, etc.

Quand Jésus, né dans l'indigence,
Baigna pour nous ses yeux de pleurs,
Marie, avide de souffrance,
Voulut s'unir à ses douleurs.
   Bienheureux, etc.

Quelle force aida son courage,
Lorsqu'elle osa suivre les pas
De celui qu'une aveugle rage
Traînait au plus honteux trépas!
   Bienheureux, etc.

Hâtez-vous d'offrir à son trône,
Saints Anges, vos tributs d'honneur ;
Chantez, du Dieu qui la couronne,
Les dons, la bonté, la faveur.
   Bienheureux, etc.

Et nous, fils d'un père coupable,
Ici-bas condamnés aux pleurs,
Cherchons dans son cœur adorable
Un abri contre nos malheurs.
   Bienheureux, etc.

23.

Tendre Marie,
Entends ma faible voix;
Toute la vie,
J'aime tes douces lois.

Aimable et sainte mère,
Toujours t'aimer, te plaire;
O doux bonheur !
C'est le vœu de mon cœur.

A ma naissance,
Tu me pris dans tes bras,
Et dans l'enfance,
Tu protégeas mes pas.
Aimable, etc.

Lorsque ma mère
Dormait sur son fuseau,
Ombre légère,
Tu couvrais mon berceau.
Aimable, etc.

De l'innocence
Tu me dis le chemin;
Ta providence
M'y guida par la main.
Aimable, etc.

Pendant l'orage,
Me sentais-je faiblir,
Vers ton image,
Je poussais un soupir.
Aimable, etc.

Lorsque la peine
Vient désoler mon cœur,
Ta douce haleine
Adoucit ma douleur.
Aimable, etc.

Douce Marie,
L'innocente beauté
Toujours confie
Son cœur à ta bonté.
Aimable, etc.

La jeune mère
Te consacre son fils ;
Tendre mystère !
Tu chasses ses ennuis !
Aimable, etc.

Si dans la plaine,
Le pieux pélerin
Marche avec peine,
Tu charmes son chemin.
Aimable, etc.

Dans la tempête,
Vers toi les matelots
Lèvent la tête,
Et tu calmes les flots.
Aimable, etc.

Reine des Anges,
Sois sensible à nos vœux ;
Que nos louanges
Te suivent dans les cieux.
Aimable, etc.

24.

Je veux celébrer, par mes louanges,
Les grandeurs de la Reine des cieux;
M'unissant aux doux concerts des Anges,
Je m'engage à la chanter comme eux.

Sur vos pas, ô divine Marie,
Plus heureux qu'à la suite des rois,
Dès ce jour, et pour toute ma vie,
Je m'engage à vivre sous vos lois.

Si du monde écoutant le langage,
Des plaisirs j'ai suivi les attraits,
A me donner à vous sans partage,
Je m'engage aujourd'hui pour jamais.

Par un culte fidèle et sincère,
Par un vif et généreux amour,
A servir, à chérir une mère,
Je m'engage aujourd'hui sans retour.

Mère sensible et compatissante,
Soutenez, au milieu des combats,
Les efforts d'une âme chancelante,
Qui s'engage à marcher sur vos pas.

Unissez vos voix, peuple fidèle,
Aux accords des esprits bienheureux,
Pour chanter cette reine immortelle,
Qui s'engage à combler tous nos vœux.

25.

Mère de Dieu, du monde souveraine,
Vous qui voyez à vos pieds tous les rois,
Je vous choisis aujourd'hui pour ma Reine;
Je me soumets pour toujours à vos lois.

Je mets ma gloire à vous marquer mon zèle,
A vous aimer, à vous faire servir;
Ah! si mon cœur devait être infidèle,
J'aimerais mieux dès à présent mourir.

Secourez-moi, puissante Protectrice;
Secourez-moi jusqu'au dernier soupir;
Pour que toujours je m'éloigne du vice,
Par vos bontés daignez me soutenir.

Vierge sans tache, admirable Marie,
Je veux partout publier vos grandeurs,
Et consacrer tous les jours de ma vie
A vous servir, à vous gagner des cœurs.

Ah! quel bonheur, Vierge, quand on vous aime!
Quelle douceur! ah! quel glorieux sort....
En vous aimant, sûr de plaire à Dieu même,
On se procure une paisible mort.

Pour mériter ce bien inestimable,
Après Jésus, vous serez mon appui,
Et vous tiendrez, ô mère tout aimable,
Le premier rang dans mon cœur, après lui.

26.

Souveraine aimable des cieux,
Ton trône est aussi sur la terre;
Que ton empire est glorieux,
Souveraine aimable des cieux !
Dans tous les temps, dans tous les lieux,
On te chérit, on te révère.

Reine de la céleste cour,
Au sein de la cité chérie,
Ta gloire brille en tout son jour,
Reine de la céleste cour.
Tu ravis de joie et d'amour
Les habitans de la patrie.

Anges saints, Esprits glorieux,
Je chante avec vous ses louanges;
Mais un élan délicieux,
Anges saints, Esprits glorieux,
Vous fait tressaillir dans les cieux,
Au nom de la Reine des Anges.

Quand vous chantez à votre tour
La mère du chrétien fidèle,
Je crois être au divin séjour,
Quand vous chantez à votre tour;
Et saisi d'un transport d'amour,
Je me sens m'envoler vers elle.

Vous estimez mon sort heureux,
D'être un enfant cher à Marie;
Ce bonheur comblerait mes vœux:
Vous estimez mon sort heureux;

Mais elle règne dans les cieux,
Et je suis loin de la patrie !

Anges témoins de mes soupirs,
Offrez à ma divine mère
L'encens de mes brûlans désirs,
Anges témoins de mes soupirs ;
Redites-lui les déplaisirs
De mon triste exil sur la terre.

27.

Pour célébrer de Marie -
Les bienfaits et les grandeurs,
A notre faible harmonie,
Anges, unissez vos chœurs.
Inspirez-nous, pour lui plaire,
Vos plus sublimes accens ;
Votre Reine est notre mère,
Et nous sommes ses enfans.

Mais comment, de cette enceinte,
Percer les voûtes des cieux ?
Descends plutôt, Vierge sainte,
Et viens régner en ces lieux.
Viens, d'un exil trop sévère
Adoucir les longs tourmens ;
Ta présence, auguste mère,
Sera chère à tes enfans.

Pour toi nous sentons nos âmes
Brûler, en ce divin jour,
Des plus innocentes flammes,
Du plus généreux amour.

Ah ! puissions-nous à te plaire
Consacrer tous nos instans,
Et prouver à notre mère
Que nous sommes ses enfans !

Sur tes autels , ô Marie,
Tous d'une commune voix,
Nous jurons, toute la vie,
D'être soumis à tes lois.
De notre hommage sincère,
Puissent ces faibles garans
Flatter notre tendre mère !
C'est le vœu de ses enfans.

CANTIQUES

POUR

LA BÉNÉDICTION.

I.

Prosternez-vous, offrez des vœux :
Oui, mortels, c'est le Roi des cieux.

O prodige d'amour, spectacle ravissant !
Sous un pain qui n'est plus, Dieu cache sa présence ;
Ici pour le pécheur il est encor mourant ;
Les Anges étonnés l'adorent en silence.
    Prosternez-vous, etc.

Jésus, qu'un voile obscur ici cache à mes yeux,
Ah ! venez couronner l'amour qui me dévore !
Que je puisse vous voir dans ce séjour heureux
Où l'âme, à découvert, vous aime et vous adore.
    Prosternez-vous, etc.

II.

Je vois s'ouvrir l'auguste tabernacle :
Sur cet autel paraît le Roi des cieux.
Heureux mortels! ce temple est un cénacle ;
L'esprit d'amour le remplit de ses feux.

Divin Jésus, mon âme s'abandonne
Aux saints transports qu'inspire ton amour.
O mon Sauveur, tu m'offres ta couronne,
Et tu ne veux que mon cœur en retour !

Je suis à toi ; mais quelle est ma faiblesse !
Répands sur moi ta bénédiction ;
Soutiens mon cœur ; daigne par ta tendresse
Eterniser cette heureuse union.

III.

Le puissant Roi du ciel,
Ce Dieu grand Eternel
Est sur l'autel.
Il abaisse les cieux
Pour régner en ces lieux ;
Il vient combler nos vœux,
Nous rendre heureux.

Dans cet humble séjour
D'un Dieu plein d'amour,
Formons la cour.
Il règne dans ces lieux,
Ce Roi, grand, généreux ;
Il vient combler nos vœux,
Nous rendre heureux.

O Jésus, doux Sauveur,
Répandez le bonheur
Dans notre cœur.
Ah ! régnez en ces lieux,
Roi bon, Roi généreux ;
Venez combler nos vœux,
Nous rendre heureux.

IV.

Que cette voûte retentisse
Des voix et des chants des mortels :
Que tout ici s'anéantisse ;
Jésus paraît sur cet autel.

Caché dans ce tendre mystère,
Sous les apparences du pain .
C'est notre Dieu , c'est notre père,
C'est le Sauveur du genre humain.

O divin époux de nos âmes ,
Dans cet auguste sacrement ,
Embràsez-nous tous de vos flammes,
En vous faisant notre aliment.

V.

Spectacle ravissant !
Le Dieu de la nature
Contemple en ce moment
Son humble créature.
Oui, l'Eternel, le Roi des cieux,
Pour nous est présent en ces lieux.
Oh ! quel bonheur !
Donnons-lui notre cœur.

Aimons ce Dieu d'amour :
C'est le meilleur des pères ;
Dans cet heureux séjour,
Touché de nos misères,
Il vient nous offrir ses présens,
Il vient bénir tous ses enfans.
Oh ! quel bonheur !
Donnons-lui notre cœur.

VI.

Recueillons-nous ; le prodige s'opère :
Jésus paraît, Jésus, le Roi des cieux !
De sa présence il honore ces lieux ;
Je me prosterne et le révère.
Je l'adore et je crois.
C'est mon Roi,
C'est mon père ;
Le mystère
Ne l'est plus pour moi.
Une céleste lumière
Brille et m'éclaire ;
Oui, je le vois.

Disparaissez, vains objets de la terre ;
Vous n'aurez plus d'empire sur mon cœur.
En Jésus seul il trouve son bonheur :
C'est à Jésus seul qu'il veut plaire.
Gloire à ce divin Roi !
C'est vers moi
Qu'il s'abaisse ;
Sa tendresse
Réveille ma foi.
Que sa bonté me bénisse !
Que j'accomplisse
Sa sainte loi !

VII.

Dans ce profond mystère
Où la foi sait vous voir,
Tout en nous vous révère
Et fixe notre espoir.

A la fin de la vie,
Divine Euchariste ,
Nourris du pain d'amour,
Dans la cité chérie ,
Nous vous verrons un jour.

Ah! puissions-nous sans cesse
Puiser dans votre cœur
La divine sagesse
Qui mène au vrai bonheu r !
    A la fin, etc.

Sur nous daignez répandre
Vos bénédictions ;
Faites-nous bien co mprendre
La grandeur de vos dons.
    A la fin , etc.

VIII.

O Roi des cieux ,
Vous nous rendez tous heureux ;
Vous comblez tous nos vœux,
En résidant pour nous dans ces lieux.

Prodige d'amour,
Dans ce séjour
Vous vous immolez pour nous chaque jour.
A l'homme mortel
Vous offrez un aliment éternel.
    O Roi, etc.

(46)

Seigneur, vos enfans
Reconnaissans
Vous offrent les plus tendres sentimens;
Leurs cœurs, sans retour,
Veulent brûler du feu de votre amour.

Chantons tous en chœur
Gloire et honneur
A Jésus, notre aimable Rédempteur!
Chantons à jamais
De son amour les éternels bienfaits.

O Roi, etc.

IX.

Sur cet autel!
Ah! que vois-je paraître?
Jésus, mon roi, mon divin maître,
Sur cet autel!
Sainte victime,
Vous expiez mon crime
Sur cet autel.

De tout mon cœur,
Dans ce sacré mystère,
Je vous adore et vous révère
De tout mon cœur.
Bonté suprême,
Que toujours je vous aime
De tout mon cœur!

O doux agneau,
L'amour vous sacrifie,
Et votre mort nous rend la vie,
O doux agneau !
Que votre flamme
Immole aussi mon âme,
O doux agneau !

X.

Suspendez vos concerts : silence, enfans du ciel !
Sonores instrumens, airain bruyant, silence !
Voilant l'éclat de sa puissance,
Jésus est présent sur l'autel.
Suspendez vos concerts ; silence, enfans du ciel !
Silence !

Voilà le fils de l'Eternel !
Ainsi qu'au jour de sa vengeance,
Il n'est point entouré d'éclairs ;
Le tonnerre de sa puissance
Ne fait point pâlir l'univers.
Lorsque les temps, comme un sombre nuage,
Auront fui dans l'éternité,
Il saura se montrer au monde qui l'outrage,
Armé du glaive redouté.
Mais maintenant, ô mystère sublime,
Sur cet autel éclairé par la foi,
De l'amour subissant la loi,
A son père, pour nous, il s'offre pour victime.
Suspendez, etc.